अनीता की अनुभूति

अनीता झा

मेरी पुस्तक अनीता की अनुभूती मेरे जीवन साथी राजेश झा को
समर्पित है। जीवन के हर मोड़ पर मुझे अपने जीवन साथी से
एक नयी सीख मिली है।

क्रम-सूची

प्रस्तावना

अनीता की अनुभूति पुस्तक में अनीता झा अपनी सुप्रसिद्ध कविता, आजादी हमे मुबारक है, जीते जी मौत का कहर समाया है के साथ साथ अच्छा नही लगता, जीना सिखा दिया जैसे कविताओं को सर्वश्रेष्ठ स्थान दिया है।

भूमिका

इस पुस्तक की रचयिता अनीता मिश्रा का जन्म बिहार के राजनगर (सुगौना) गाँव में 16 मार्च 1990 मे हुआ इन्होने अपनी प्रारंभिक शिक्षा उत्तर प्रदेश व "स्नातक" दिल्ली विश्वविद्यालय से उतींण किया। यह साधारण परिवार के साथ -साथ सादगी मे अपना जीवन यापन करना पसंद करती है। यह अपनी भावनाओं को लिखना और कविताए लिखना पसंद करती है। इनकी कविताओं में वास्तविकता है प्रत्येक कविता अच्छी सीख की ओर प्रेरित करती है। विवाह के पश्चात इन्होने जीवन के कई उतार चढ़ाव देखे, खासतौर पर स्वास्थ्य सम्बन्धी परन्तु इन्होने हार नही मानी और अपनी शिक्षा को फिर से प्रारंभ किया। अभी तक इन्होने 150 से अधिक कविताएँ लिखी हैं। जिसमें से 20 कविताएँ "अनीता की अनुभूती" नामक पुस्तक में शामिल है। राजेश झा जो इनके जीवन साथी है लेखिका इनके सर्घष और जज्बों का अनुसरण करती है।

1. जीना सिखा दिया

ऐ जिन्दगी तूने
जीना सिखा दिया।
ऐ जिन्दगी तूने हर गम
पीना सिखा दिया।।

*****

ऐ जिन्दगी तूने मुझे
मजबूत बनाया है।
इसलिये मुझे आज तुझ पे
बहुत प्यार आया है।।

*****

ऐ जिन्दगी आ मेरे पास
तुझे गले लगा लूं।
छोड़ के सारी बातें सब,
सिर्फ तुझ पे लुटा दू।।

*****

ऐ जिन्दगी मुझे डर था कि तुझे प्यार करने से
मेरे रिश्ते टूट ना जाएं।
अच्छा हुआ भ्रम टूट गया,
चल खुल के जिया जाए।।

*****

ऐ जिन्दगी चल, तेरे साथ
चलने का फैसला किया।
शुक्रिया ऐ जिन्दगी तूने हर हाल में
जीना सिखा दिया।।

*****

2. आज हम भी जरा नादान हो गये

आज हम भी जरा
नादान हो गये।
कुछ सपने अनचाहे देख के
परेशान हो गये।।

*****

रोने लगे, बिखरने लगे,
बच्चे के समान हो गये।
आज हम भी जरा
नादान हो गये।।

*****

आये आप मसीहा बनके
हम हैरान हो गये।
समझाया आपने तो
जाने हम कहाँ खो गये।।

*****

एक-एक शब्द सही था
हम फिर कल के समान हो गये।
छोटी सी बात थी
और हम ज्यादा परेशान हो गये।।

*****

3. बेबसी मित्र है

रोटी कपड़ा
और मकान,
इन चीजो की
फिक्र है।
कुछ न कुछ
रह जाता है,
बेबसी मित्र है।।

*****

मेरा, तेरा,
अपना, पराया,
इन बातो का,
जिक्र है।
मै सबका,
मेरा कोई नहीं,
सिर्फ बेबसी मित्र हैं।।

*****

जिनको मैंने,
अपना समय दिया,
"मैं" से हम बनी,
उनको कहाँ
मेरी फिक्र है।
इसलिये
बेबसी मेरा मित्र है।।

*****

कुछ कहूँ,
तो सब बिगड़ जाए,
ना कहूँ,
तो मन बिखर जाए,
बस यही फिक्र है।
इसलिये कहती हूँ,
बेबसी ही मित्र है।।

*****

4. सुनो प्रिय कुछ कहना है

सुनो प्रिय,
कुछ कहना है आपसे,
आपको सुनना पड़ेगा।
हमारे इम्तहान की,
घड़ी है,
मिल के चलना पड़ेगा।।

*****

उलझने बहुत है,
रास्ते में,
मिल के सुलगना पड़ेगा।

यदि हम ही लड़ेगे,
आपस में,
फिर घर कैसे आगे बढेगा।।

*****

सुनो प्रिय,
शांति के लिये,
हम दोनो,
कुछ काम
बाँट लें।
रिस्तो के,
सुख-दुख का,
बोझ दोनों,
अपने कंधे पर,
साथ लें।।
मै घर में संभाल लुंगी,
आपको दुनिया,
संभालना पड़ेगा।
इस व्यस्त जिंदगी में,
कुछ समय,
मेरे लिये भी निकालना पड़ेगा।।

*****

मै सिर दबाउंगी आपका,
आप कुछ कलेश वाले,
शब्द दबा देना।
क्रोध से आँखे,
लाल हो मेरी,
आप मुस्कुराते हुए,

हाथ बढ़ा देना।।
सुबह शाम,
हसते हुए बीतें,
इसलिये थोड़ा सा बदलना पड़ेगा।
सुनो प्रिय,
प्यारा सा समझौता हम जियें,
हमे संभलना पड़ेगा।।

*****

5. ये हम क्या करने जा रहे थे

ये हम,

क्या करने जा रहे थे।

बुद्धिहीन होके,

मुसीबत बुला रहे थे।।

*****

अच्छा हुआ,
जो आपने,
हाथ पकड़ लिया।
पता ही नही चला,
कब लालच ने,
जकड़ लिया।।

*****

हम इंसान के,
गिराये हुए हैं,
उठने में वक़्त लगेगा।
थोड़े दिनों बाद,
हमारा रवैया,
थोड़ा सख़्त लगेगा।।

*****

अभी पुराने घाव,
भरे नही थे,
हम फिर दौड़ने जा रहे थे।
बुद्धिहीन होके,
मुसीबत घर बुला रहे थे।।

*****

आप साथ न हो,
तो हमें,
हर कोई लूट जायेगा।
विधाता बस आप,
ऐसे ही साथ दो,
सब दुःख छूट जाएगा।।

*****

6. आज हम आनलाइन शिक्षा की सुविधा बताते हैं

दिसम्बर 2019 की बात है,
चीन से,
एक काल पहले,
भारत में आया था।
शब्दों क्या बयाँ करूँ,
कुछ क्षण में ही,
करोना ने,

कहर बरसाया था।।

*****

सब उथल-पुथल हुआ,
कुछ बुद्धिजीवों ने,
संयम से काम लिया।
इसलिये मैने,
अपनी कविता में,
शिक्षक व शिक्षा का,
नाम लिया।।

*****

शिक्षक ने,
ऐसे समय पर,
बच्चों का भविष्य,
थाम लिया।
सराहनीय तरीके से,
शिक्षक ने,
आनलाइन माध्यम से,
शिक्षा दिया।।

*****

हम कैसे बयाँ करे,
शिक्षक को घर से,
पढ़ाने का परमिशन था।
परिवार के साथ रहकर,
बच्चो को पढ़ाना,
उनके लिये,
खुशियों का कमीशन था।।

*****

नेट, सुविधा,
घर मे स्कूल बनाना,
इस अनुभव को,
लिख के बताते है।
एक शिक्षक व शिक्षिका की,
भावनाओं को जी कर,
आनलाइन शिक्षा की,
सुविधा बताते है।।

*****

7. जरा गौर से सुनिये बात जीवन और मरण की है

जरा गौर से सुनिये,
बात जीवन और मरण की है।
समाज मे,
बहुत कुछ,
बदल गया,
रात सीता हरण की है।।

*****

सीता हरण से राम, लक्ष्मण,
हनुमान जी का नाम हुआ।
कैकयी, रावण, विभिषण,
जैसे नाम बदनाम हुआ।।

*****

याद रहे,
जैसे रामायण में,
मन्थरा की कूटनीती है।
वैसे हीं,
हर परिवार के सामने,
मूर्खता की राजनीती है।।

*****

यदि कैकयी,
मन्थरा को न सुनती,
तो सीता न मरती।
यदि परिवार में,
सब सदस्य,
राजनीती से बचे,
तो इंसानियत न मरती।।

*****

सीता,
मर के भी,
जिंदा है।
बदनाम नाम,
अभी तक,
शर्मिंदा है।।

*****

दुनिया में,
बहुत कुछ,
सही रहता है,
खेल सही सुनन की है।
जरा गौर से सुनिये,
बात जीवन और मरण की हैं।

*****

8. हमारी सभ्यता में सबसे ऊपर दर्जा दामाद जी का है

हमारी सभ्यता में,
सबसे ऊपर दर्जा,
दामाद जी का है।
उनको और उनके परिवार को,
खुश रखने का जिम्मा,
सास जी का है।।

*****

एक प्यारे से "दामाद",
बहनोई जी दूसरे ननदोई जी है।
इनको पहचानने का हक,
बड़ी साली व सरहोजनी जी का है।।

*****

वैसे तो "दामाद" जी की,
खुशियो का खयाल,
रखने वाले साले है।
अपनी हमारी बहन
व ननद जी के लिये,
दिल से रिस्ता निभाये है।।

*****

अपने ससुराल मे,
ये दोनो प्यार लुटाते है,
इसका ठिकाना नहीं।
परिवार में चर्चा और खर्चा,
दोनो सभालते है,
पर कभी सुना कोई अफसाना नहीं।।

*****

बहनोई जी व ननदोई जी,
दोनो परिवार के,
मजबूत डोर है।
ये हर हाल मे साथ रहते है,
कोई फर्क नही,
बाहर क्या शोर है।।

*****

मैं सोभाग्यशाली हूँ,
मेरे पास,
ये दोनो रिस्ते है।
हमारे परिवार के लिये,
ये दोनो ही,
प्यारे फरिस्ते हैं।।

*****

9. आप मुझे प्यारे है

प्रिय जीवन साथी,
आज तक,
आप से मैंने,
जो कुछ पाया है।

इस कविता में,
शब्दो के,
माध्यम से,
मैने बताया है।।

*****

जब रिस्ता जुड़ा,
हम दोनो के परिवार से।
दोनो घरवाले,
उम्मिद लगाये थे,
हमारे व्यवहार से।।

*****

हम दोनो,
कहाँ एक दूसरे को,
जानते थे।
दिल मे तो दूर,
जीवन में भी,
कहाँ अस्तित्व मानते थे।।

*****

शायद आपको,
याद हो,
हमने अपने रिस्ते को,
बचाने के लिये,
समय दिया।
और सब ठीक रखने का,
विनय किया ।।

*****

धीरे-धीरे,

मेरे व्यवहार ने,
आपका दिल जीत लिया।
और आपके,
धैर्य व संघर्ष ने,
मेरा मन जीत लिया।।

*****

स्वाभिमान से,
कहती हूँ,
आज (वर्तमान), और कल (भूतकाल),
आप मुझे प्यारे है।
प्रेम तो हुआ ही है आपसे,
सम्मान व स्वाभिमान से,
आप न्यारे है।।

*****

10. धन धन भाग जो बुआ कहने वाला आया

ठण्डी का दिन था,
दिन जरा,
खास था।
परिवार के,
तरसती आँखो में
खुशियो का आस था।।

*****

मैं भी गुमसुम,
और मन,
हरा भरा था।
थोडा नर्वस,
और चेहरा,
निखरा था।।

*****

फोन की घण्टी पर,
ध्यान था।
मन परेशान
और खुशियो का
ध्यान था।।

*****

शाम होने से
पहले खुशियाली छाया।
धन धन भाग
जो बुआ कहने वाला आया।।

*****

11. वो बड़े थे हमारे घर के

वो बड़े थे हमारे घर के
जो नया अध्याय बना रहे थे।
इन्सानियत, प्रेम, मर्यादा
व बड़प्पन का,
गला दबा रहे थे ।।
*****
वो जानते थे,
हमारे लिये,

वो महत्वपूर्ण है,
इस बात का,
फायदा उठा रहे थे।
वो बड़े थे हमारे घर के
जो नया अध्याय बना रहे थे।।

*****

अपनो से मतलब,
हटा कर,
वो माँ, बाप को,
सता रहे थे।
बीच सड़क पर
सीना चौड़ा कर के,
कुत्ते को,
रोटी खिला रहे थे।।

*****

सुनो, सुनो, सुनो,
जिनका दायित्व,
प्रभु ने बड़ा कर दिया है।
आज चन्द बड़े लोगो ने मिलकर,
इंसानियत को कटघरे में,
खड़ा कर दिया है।।

*****

इंसान का स्वभाव,
इंसान ही जानता है।
तभी तो वो सिर्फ,
तकलीफ देने के लिये ही,
इंसान को ढूंढ़ता है।।

*****

जाओ चले जाओ,
उनके बीच,
जिनसे अपना,
दिनचर्या बना रहे थे।
जब ईश्वर ने,
इंसान बना के भेजा,
तब नया अध्याय बना रहे थे।।

*****

12. जिंदगी तुझे करीब से देखा है

जिंदगी,
तुझे करीब से देखा है।
मैंने तुझे,
खूबसूरत नसीब से देखा है।।

*****

मैंने कईयों के,
गुमान को,
ढलते देखा।

सुरज की गर्मी को,
रात में,
ढलते देखा।।

*****

जिंदगी,
मैने तुझे,
अपने हाथ से,
फिसलते देखा।
अपने
और अपनो के लिये,
तुझे,
संभलते देखा।।

*****

कभी किसी भी क्षण,
घमंड नही किया,
सब किसमत का लेखा है।
राजा हो या रंक,
सभी के हाथों मे,
लकीरों की रेखा है।।

*****

जिंदगी,
तुझे अपनो के लिये,
तड़पते, रोते, तरसते देखा है।
तुझे करीब से,
मैंने अपने,
खुबसूरत नसीब से देखा है।।

*****

13. जिन्हें नाज है गैरों पर

वो क्या रिश्ता निभायेंगे,
हमसे,
जिन्हें नाज है गैरों पर।
हमे विश्वास है
अपने शिद्दत भरे,
पैरो पर।।

*****

हम मुसीबत में थे,
वो नजर लगाये थे,
शहरों पर ।
हम इंतजार कर रहे थे
आशाओं के,
नहरों पर।।

*****

गैरो की मित्रता में,
वो डूब गये,
विश्वास हटा,
चेहरों पर।
धन गया,
मन गया,
अब तन बचा है,
लहरो पर।।

*****

तरस आता है,
उनपे,
खड़े हो नही सकते,
वो पैरो पर।
वो क्या रिश्ता निभायेंगे
जिन्हें नाज है गैरों पर।।

*****

14. मैं क्षण भर की राजकुमारी बनी

छोटे से घर से,
यह कहानी बनी।
मैं क्षण भर की,
राजकुमारी बनी।।
*****
मायके से नही,

ससुराल मे ,
दुलारी बनी।
मेरे सम्मान के लिये,
जो थे खड़े।
अपनो से भी,
बढ़कर मिले।।
कुछ ऐसे सदस्य है,
परिवार के,
जिनके साथ से,
मै राज दुलारी बनी।
मैं क्षण भर की,
राजकुमारी बनी।।

*****

कुछ ऐसे रिश्ते,
जिनका मैने,
ध्यान किया।
सुना उन्हें,
उनसे कुछ,
सीख लिया।।
उन सब के,
जुबान से,
ये कहानी बनी।
इन सबके,
नजरों में,
क्षण भर की,
राजकुमारी बनी।।

*****

गहना, गुड़िया,
सोना, चाँदी, घर,
इन सब की,
कहाँ महारांनी बनी।
नम्रता, विश्वास,
स्नेह, दुलार मिला
ससुराल से
इसलिये मै,
क्षण भर की,
राजकुमारी बनी।।

*****

15. भाई तेरे आँगन में मेरे नाम का एक कोना रहे

भाई तेरे आँगन में,
मेरे नाम का,
एक कोना रहे।
तेरे परिवार में,
मर्यादा से,
बचपन का,

खिलौना रहे।।
*****
मरते दम तक,
मुझे राखी का,
यही गिफ्ट चाहिए,
मेरा हक़ है।
ऐसी बहन बनूँ,
कि तू कहे,
मुझे फक्र है।।
*****
हाँ बहनें,
सिर्फ,
लेना जानती है।
पर उसी से,
जिसे,
अपना मानती है।।
मेरे आने की खुशी,
तेरे चेहरे पर दिखे।
वेलकम बुआ जी,
तेरे बच्चे लिखे।।
तेरे परिवार मे,
तीन दिन के लिये,
मैं और मेरा ससुराल जिये,
मुझे हक़ है।
भावनाओं की गली में,
सिर्फ तीन दिन के लिये,
तेरा मन भी मिले,

मुझे हक है।।

*****

गिफ्ट का डब्बा,
बड़ा सा हो,
जिसमे बात,
साथ हँसी, मजाक,
यादें सब भरा हो।
मुझे ऐसा गिफ्ट चाहिए,
मुझे तुझसे,
मांगने का हक है।
अब तू इन बातो को,
समझे या ना सही,
मुझे ये सब,
करने का हक है।।

*****

भाई तू यशस्वी,
तेजस्वी, दीर्घायु
व खुशहाल रहे।
सुख शांति से,
धनवान रहे।।
मुझे तो सिर्फ,
तेरे मुस्कुराते हुए,
चेहरे पर फक्र है।
तू मेरा भाई है,
सब कुछ कहने का,
मुझे हक है।।

*****

16. अच्छा नही लगता

आपके साथ,
दूर दूर तक चलना,
अच्छा नहीं लगता।
सुनो अपमान,
मुझे आपका आना,
अच्छा नही लगता।।

*****

आप घमंड के साथ आते हैं,
बैठते ही रुलाते हैं,
शोभा नही लगता।
दुर्भाग्य से,
आपने मेरे अपनो के साथ,
आना शुरू किया।
अच्छा आये,
मेरे जीवन से,
खुशियाँ और शांति ले गये,
फिर भी मैंने,
कुछ नही कहा।।
मेरा छीन के,
मुझे चिढ़ाना,
शोभा नही लगता।
सुनो अपमान,
मुझे आपका आना,
अच्छा नही लगता।।

*****

आप जब जायेंगे,
हम जरा दूर तक,
विदा करेंगे।
आप फिर कभी भी,
न आये,
ये दुआ सदा करेंगे।।
क्रोध, अपमान, लालच,
दुष्टता आपका आना,
अच्छा नही लगता।

आप एक साथ बैठ के,
कई परिवार खा जाते हो,
क्या आपको,
बुरा नही लगता।
जो भी हो,
मुझे आपका आना,
अच्छा नही लगता।।

*****

17. आजादी हमें मुबारक है

सांस ले खुल के,
हमें आजादी,
मुबारक है।
कोई चिंता नहीं,
जब वीर सिपाही,
कर्ताधारक है।।

*****

उन सभी माताओं को,
प्रणाम,
वीर जिनके,
बालक है।
छोटा बड़ा,
कोई नही,
सभी सेवाधारी,
हमारे पालक है।।

*****

हम खिलखिलाये,
परिवार मुस्कुराये।
उसके लिये ना जाने,
कितने वीरों ने,
अपने घर जलाए।।
ऐसे सुपुत्रों के,
हम मानव,
कर्जदारक है।
इन वीरो के,
कारण ही,
आजादी हमें,
मुबारक है।।

*****

18. माँ बाबूजी के साथ का पल नमकीन होता है

हाँ माना मैंने ससुराल मे,
कुछ कुछ रंगीन होता है।
जो भी है माँ बाबूजी के,
साथ का पल नमकीन होता है।।
*****
माँ के मीठे मीठे ताने।

बाबूजी के डांटने के बहाने।।
और बच्चों के खिलखिलाने से
शाम रंगीन होता है।
हाँ जी परिवार में सबके साथ
बैठने से शाम हसीन होता है।।

*****

सब कुछ कहने के बाद,
माँ का ये कहना,
मुझे क्या मतलब है?
प्यार से बाबूजी का,
ये कहना,
तो किसी को क्या मतलब है?
परिवार के साथ,
सुख दुख बाटना,
माँ बाबूजी की तलफ है।।

*****

हम साल मे,
कुछ महीनों के लिये,
दूर रहते हैं।
इन महीनों मे,
दोनो ही तरफ का,
हर किस्सा व्याख्या,
सब हसीन होता है।
आपको क्या पता,
माँ बाबू जी,
आपके साथ का,
हर पल नमकीन होता है।

*****

नोक झोक के धार से,
मैं पार हो गयी।
और देखते देखते
मैं भी दिल से
आपका परिवार हो गई।।
परिवार में सब,
अपने अपने समूह में,
बैठने का शौकीन होता है।
दिल से,
माँ बाबू जी के साथ का,
पल नमकीन होता है।।

*****

19. बाकी सब ठीक है

आज मन बड़ा उदास है,
बाकी सब ठीक है।
आपके फैसले से खुश नहीं है,
बाकी सब ठीक है।।

*****

आप चाहते है,

हम सारी बात मान ले।
हम चाहते है,
हमारी खुशियों के बारे में,
आप भी जान ले।
थोड़ा आप
और थोड़ा हम
बात मान ले।
बाकी सब ठीक है।।

*****

सोचते है,
सारी परेशानियों को,
कम कर दे।
आप से जुड़ी,
हर बात के,
दरवाजे बंद कर दे।
यही हमारी,
समस्याओं का,
सुलझा हुआ हल है।
बाकी सब ठीक है।।

*****

आज मन बड़ा उदास है,
बाकी सब ठीक है।
नजर और नजरीया,
हम ही बदल ले,
बाकी सब ठीक है।।

*****

20. मैं इंसान हूँ मेरे क्रोध से कौन बचेगा

कौन बचेगा।
मैं इंसानियत हूँ,
मुझसे आगे,
कैसे बढ़ेगा।।

*****

मैं अपने पे,
आ जाऊँ तो,
सब तोड़ दूंगा।
कोई बात नही,
मैं चुप रह के,
सब जोड़ दूंगा।।

*****

मैं क्रोध हूं,
अपमान के साथ ही,
आता हूं।
मैं इंसानियत हूँ,
मैं इंसान के साथ ही,
जाता हूं।।

*****

मैं मानव से,
मानव का,
तिरस्कार हूँ,
जीने नही दूंगा।
मैं इंसानियत हूँ,
प्रेम, स्नेह, और मानवता,
तुम्हे पीने नहीं दूंगा।।

*****

इंसानियत कहे,
क्रोध से,
सुनो मेरी एक बात।
इंसान के अंदर,
रहना है हमे,
क्यों हम दे,
एक दूसरे का साथ।
क्रोध कहे,
चलो जलते है,
हम दोनो,
इंसान के साथ।।

*****